Caléndula

Caléndula

Visión poética de una cabeza extraña

(2022-2025)

Ángel Gómez Rodríguez

Círculo Rojo
EDITORIAL

Primera edición: julio 2025

Depósito legal: AL 5737-2025

ISBN: 979-13-7016-334-1

Impresión y encuadernación: Editorial Círculo Rojo

© Del texto: Ángel Gómez Rodríguez
© Maquetación y diseño: Equipo de Editorial Círculo Rojo

Editorial Círculo Rojo
www.editorialcirculorojo.com
info@editorialcirculorojo.com

Impreso en España — Printed in Spain

AGRADECIMIENTOS

A quien confió en mí con los ojos cerrados.
A mi madre, por regalarme alas literarias.
A mi padre, por arroparme a su manera.
A mis abuelos, que desde arriba me cuidan.
A quien comparte esta pasión conmigo.

A mi prima Paula. Te extraño y te adoro. Te mando un ejemplar al cielo.

Caléndula
(Del latín científico *calendula*.)

1. f. Planta herbácea de la familia de las compuestas, de 30 a 40 cm de altura, con hojas abrazadoras y lanceoladas, y flores terminales con pedúnculo hinchado, circulares y de color anaranjado, que, cocidas, se han usado en medicina como antiespasmódico.

NOTA AL LECTOR

En un intento de plasmar en palabras todo lo que mi cabeza piensa (constantemente y sin parar), nació *Caléndula*.

El proceso creativo ha pasado por diversas fases, de las cuales he ido recogiendo los trozos más brillantes hasta formar una obra literaria, que de momento es artefacto, de la cual estar orgulloso.

Si tienes a *Caléndula* en tus manos, tienes acceso a mí, en cuerpo y alma. Depende de ti, en tu experiencia como lector, personal e intransferible, de descifrar qué quieren decir las pequeñas bestias de mi cabeza en cada poema.

Tras pasar por momentos de incomprensión, angustia, ansiedad y distanciamiento con la realidad, me di cuenta de que la palabra es lo único que nos queda. Con la palabra, dejas volar un suspiro problemático. Componiendo versos que salgan del alma, es cuando se inspira aire puro, aire poético.

Espero que encuentres en *Caléndula* un refugio al que acudir cuando necesites evadirte de la rutina mundanal.

Por último, me gustaría calificar el poemario con una palabra: Amor. Cada verso lleva escrito un nombre. Porque el amor es lo que mueve al mundo. El Amor hacia los demás es lo que nos distancia del delirio.

Dicho esto, a los lectores o paseantes de páginas les deseo que disfruten de la obra, y que, por supuesto, disfruten del amor.

Amen mucho.

Ángel Gómez Rodríguez.

PUENTE (PRÓLOGO)

Desde ese entonces, no he vuelto a cruzar el puente. No he vuelto a quejarme por la pesada longitud de este, más si lo cruzas en horas donde el sol da de lleno. No he vuelto a perderme por los callejones del barrio, en busca de Iglesias o simplemente para dar un paseo. No he vuelto a subir tantas escaleras para llegar a casa. Escaleras que me hacían llegar exhausto. No he vuelto a salir al balcón a fumar, y a fijarme en que la fachada del convento que tenía justo enfrente, estaba en un paulatino proceso de destrucción, todo por la dejadez y el paso del tiempo. Necesitaba una restauración urgente. Y ahora no hablo del convento. No he vuelto a comprar en aquel mercado con olor a añejo y ese ambiente popular que tanto me gustaba. No he vuelto a coger el circular porque me cansé de andar para llegar a cualquier punto. No he vuelto a sentirme arropado por la ciudad.

Ahora, la ciudad me empuja, no me arropa. Aquella ciudad que amaba, desde que era un retoño, me deja desnudo y desamparado. Ahora es un lugar hostil.

Siendo sincero, no creo que cruce el puente en un tiempo.

LLORARÁN LAS GARZAS TRISTES

Llorarán las garzas tristes,
porque me olvidé de ellas:
y sus gritos,
y sus muecas.

Y mi mente se despeña,
y se pulen las esquinas,
y se vuelven unas nuevas,
y se vuelven más mezquinas.
Y se ablandan ya las penas,
y se asoma la alegría.

De estas líneas gruesas, raras,
me despojo del pensar,
y mudo el alma y el pensar
en cosas nuevas.
No más garzas.

Yo me alegro y te sonrío:
vive, vida, vida, niño.
Y yo pienso que me atraso,
mas no llevamos el mismo camino.

CORAZONES

Mi corazón bombea
por tu sonrisa de marfil,
y tus olivas de mañana,
y tus labios enmarcados
en cuadro verde de arena.

Mi corazón late
por tu mirada atenta,
tenue, infinita.

Mi corazón siente el ritmo del tuyo;
mi luna y tu luna son la misma,
aunque no la miremos de la misma manera.

Mi corazón pertenece a ti,
aunque se apaguen las almas
de los enamorados.

Mientras haya corazón,
hay vida,
hay amor.

MEÑIQUE

Soy meñique en alma y pensar,
meñique puro y feliz,
inocente, ignorante.

Baúl de memorias, de idilios,
febril sueño que es remanso de paz.
Se cuentan con los dedos de las manos,
y no llegan ni a tres cuartos.

Infante entre torres y tambores,
entre cruces y pelotas,
entre expectación y duda,
entre curiosidad y ternura.

Una cañada, parte de mi corazón,
llena de rosales calurosos
que hieren al pensar en ellos.

Que hieren y se ahogan
buscando un futuro,
en el que rían sin parar,
cuando tú pienses en ellos.

LA NIÑA

La niña quiere ver
cuerpos de carne y oro
regresando a su faz.

Quiere regresar
a tiempos de poemas arrugados,
que recuerda entre algodones,
esos tiempos añorados.

Quiere creer
al alba que nunca muere,
pues cuando llegue la muerte
no queda más espera.

Quiere sentir
el brillo de las estrellas,
pues ellas sienten
lo que quiere sentir ella.

Recuerda con dulzura
lo que alienta sus deseos,
mantiene su cordura
y alza su vuelo.

ESPUMA Y VACILE

En las noches vuelves,
como haz de luz
en la cara de luna.

Brillas entre las olas
y entre la espuma;
tu voz sigue cantando
esa canción de dialectos.

Y mi vida, ¿qué es lo intenso?
Hacer de aquello diminuto
aquello que es inmenso.

Y te espero cada noche,
entre pensar y pensar.

Y vuelves entre vaciles
a la cara de la luna;
luna que se ríe
del porvenir.

COSTURAS ROTAS

Si lo sientes, lo haces.
El dolor te impregna.

Si seremos fugaces,
mi alma te condena
a pasar noches
bebiendo lágrimas,
sudando gritos,
bailando quietos.

En tu piel, las costuras rotas
van abriendo paso
a tu alma dolida
que pide descanso.

Sueñen y sueñen,
amen y amen:
en lo efímero está lo eterno.

Quizás mi pena está también rasgada
y deja paso al clamor de la mañana,
sosegada ya mi aura
de tanta angustia, y tan cercana.

ESTRELLITA

Cada noche espero tu llegada
entre oscuras estrellas
y vientos frescos, nuevos.

Cada noche sueño con tu presencia
en cotidianas escenas,
en alocadas situaciones.

Cada noche ruego tu atención,
inefables sentimientos
atoran mi pesar.

Cada noche lloro a la luna,
entre vaciles.

¡Que vuelva una noche,
entre oscuras estrellas!

TE QUIERO VER

Te quiero ver,
cuando ya lo haya visto todo
y nada me asombre.

Te quiero ver,
llorando, riendo, sintiendo.

Te quiero ver,
descalzo por la playa,
corriendo entre las olas del mar.

Te quiero ver,
una noche de sábado,
despeinado y en pijama.

Te quiero ver,
en cada foto,
en cada viaje.

Te quiero ver,
llorando por tus penas,
gritando de alegría.

Te quiero ver,
cuando nadie quiera verte.

Te quiero ver,
hasta que ya no pueda ver nada.

Te quiero ver.

EL CIELO

Un retoño amanecido,
como floreciendo,
capullo y meñique,
pregunta inocente:

—¿A qué huele el cielo?

Huele a brisa desconcertada,
a viento de polvo y nieve,
a relojes rotos donde no pasa el tiempo
y las agujas corren hacia atrás.

Huele a tierra mojada
de llantos de nubes tristes,
a vigilia y custodia,
a personas sabias
que duermen en camas de nácar,
y sueñan con bajar.

Sueño añorado,
mas no existe, sino más que el recuerdo
que perdura en el pensar
y no muere.

ALAS DE SEDA

Yo le canto al amanecer.
¡Ay, que extienda sus alas de seda!
Si es mía la condena,
pues toca de lleno en mi faz.

Sigue bailando, nena pequeña,
olvida el mundo, bola de cristal.
Sigue bailando, cariño mío,
que lo que pase ya está por llegar.

Y vida mía, ven a mi casa,
jugamos juntas con nuestras sedas.
Que si sus alitas no pueden volar;
tu risa y la mía las van a arreglar.

Y mientras tanto, gritan los cielos
que no hay cariño para remediar.
Estas plumillas desaliñadas
ya no están hechas ni para volar.

VIENTO

Acariciando todo
con danza de ópalo.

El aire se mece,
cimbreante.

Se abren nuevos ojos,
corazones cuestionados,
deambulan.

El alba espera
una migración,
del alma en pena
que busca la salvación.

En armonía dionisíaca
se busca el alba.

Pero el alba espera,
con el sosiego del rocío,
a que el aire cimbreante
mueva sus plumas en danza erguida.

PENUMBRAS

Siento que es mi deber escribir
ríos de tinta que escuece si la tocas.

Que acaban en un páramo
y yacen complacientes,
entre el debate del recuerdo y del olvido.

Es más, hay olvido del recuerdo
y recuerdo del olvido.
Solo es tu alma,
la que abandona el nido.

Tengo el corazón alquitranado,
enfangado y sombrío,
lleno de cantos tristes de desamor
que claman al cielo una respuesta,
Un mensaje que no llega,
mas no llega nunca.

Entre la muchedumbre me hundo
en el pavimento, lentamente y sin ser visto.

¿Soy invisible?

VIENTRE DE CRISTAL

No haré que mis palabras se crucen,
sino que mis pensamientos te anhelen.

La vida corre un tupido velo
en el agua que emana de tus ojos
y cae entre algodones hacia tu vientre,
dando vueltas de timbal insonoro
y sintiendo la agonía en los labios mordidos.

Labios dolidos, apagados,
que sueltan hilos de plata
y se unen a tu mente quebrada.

El sol está celoso,
tienes energía única,
de esa que sale
del quejido del alma.

Mas tu vientre siente y padece,
no encuentra libertad en palabras,
delimita fronteras angustiosas
y discurre por senderos angostos.

No florece, pues llega el invierno.
el gélido beso se esfuma insonoro,
mirando los días del viejo almanaque:
espera a la primavera entre sollozos.

DELIRIO DE UN EXTRAÑO Y LOCO (AMOR)

Aturdido, miro el reloj,
castaño y de caoba,
que gira eternamente
y no es el oro ni marfil;
sino el tiempo lo que vale.

Envuelto en mi pensar,
todavía aturdido,
pienso sobre mi pensar:
Tengo tanto amor que dar,
puro y limpio, sin pecado alguno.

Amar, amar y amar,
amar con libertad y fundamento,
amar con ganas,
amar ese amor de delirio incomprendido
que atosiga a cualquier agente externo.

Amar, amar y amar,
imploro amar, ¡amar!
Amar y ser amado,
entregar mi corazón, mi cuerpo y mi alma.
Dejémonos de razón y lógica,
si solo quiero amar.

Amar, amar y amar,
blandir la espada de marfil
en un campo verde y fresco,
sellado por mi alma,
cuidado y refinado.
De él brota mi amor.

Amar, amar y amar,
imploro amar, ¡amar!

POR PARTES

Amo ver caras nuevas:

Narices respingonas,
con aires de usureras.

Perillas desaliñadas,
bañadas en salmuera.

Orejas roídas,
del tiempo que no perdona.

Ojos de colores,
que deslumbran si los miras.

Abdómenes de aceite,
que rayan si los tocas.

Labios en almíbar,
que dulcean y salivan.

Manos de tozudo,
que despiertas si te rozan.

EN MIS SUEÑOS

En mis sueños, somos uno:
el ocho y el ocho,
corriendo de los problemas,
evitando juicios,
inspirando sentimientos,
exhalando poesía,
gritando en armonía,
ignorando lamentos.

Somos campo y tierra,
somos cielo rosado,
somos nubes que desfilan,
somos aire que da vida.

En mis sueños no hay errores,
ni fugaces altercados;
solo peces de colores
que me ven enamorado.

Enamorado de la tumba,
del recuerdo del ayer,
violines almidonados,
dan sonido al justo ser.
Ocho y ocho me hacen ver
que son dos
y no tres.

En mis sueños sigues aquí,
agarrado de mi mano.

Y es que mi alma se embelesa
si te ve con tal destreza,
que mis ojos se aderezan
y mi cuerpo se endereza.

Ay de mí, dolorido
de un recuerdo en el olvido
que mantengo seguir vivo.

¡Que vuele ya del nido!
Yo no siento ni padezco,
solo escribo lo que pienso,
y si dolorido estoy,
tal vez es que lo merezco.

ALMA

Cuando el alma no descansa
y ella habla sin parar,
es que salen mis ideas
y no paran de brotar.

Y es que salen mis ideas
y no paran de gritar
lo que yo no grito en vida,
y el silencio es soledad.

Tú, mis noches y mis días,
tú, mis penas y alegrías;
tú para mí eres el sol,
eres principio, eres fin.

Y es que salen mis ideas,
no las puedo controlar,
y me hablan y me gritan,
y me mandan a callar.

Y se mueven, son rebeldes,
con ternura van danzando,
y la cabeza entendiendo
que no son conceptos puros.

Son conceptos anarquistas
que me van quitando carga,
y esta pena a mí me amarga
y yo no la puedo calmar.

Y es que salen mis ideas
y no me dejan en paz.

QUIERO (SER)

Quiero ser, llorando,
el que juega en el reloj,
y va delante, atrás,
y va sin miedo ni temor.

Quiero ser uno y seis,
y si dos son uno, mejor.

Y ya roto el baúl
de abrir y cerrar.

Quiero verte y verte,
y no dejar de verte,
y siempre verte, siempre a ti,
y que tú me veas a mí.

FEBRERO

Febrero es el mes
que acaba como empieza,
y empieza como acaba.

Es el mes de la poesía simple,
pero enrevesada;
de las palabras bellas y dulces,
de las palabras legibles;
de simplificar las expresiones
y conjeturar su significado.

Febrero esconde tu nombre
entre la arena del desierto.

Llamadme ignorante:
mi corazón está partido en dos;
mas en febrero, es uno solo.

LA LUNA ENAMORADA

La luna escucha plegarias
y las riega con luces.

Baila sobre el cielo oscuro,
brilla sobre el todo o nada.

Cumple y rige todo lo que ve.

La luna de plata me escucha,
atenta a mis gritos demenciales.

La luna de queso es mordida
por un alma viva que anhela besar.

La luna entre nubes se esconde.
Yo grito su nombre, no me quiere ver.

REFLEJOS

En los reflejos
se ven las caras
de los más buenos
y los peores.

En las esquinas
se ven corriendo
las mariquillas
del aguacero.

En los portales
se ven cosiendo
las abuelillas
que están sintiendo
la lejanía
del primer beso,
de un mal día
que maldijeron.

En las alturas
vuelan las aves,
buscando rama,
buscando paz.

Y en la tierra
son los que sienten,
los que padecen
y los demás.

MIS OJOS

¡Qué ojos estos, que me permiten ver
un mundo insano y jocoso,
de roedores y morteros,
de pecaminosos y montunos,
de loca palabrería y alto individualismo!

A veces, Él hace un esfuerzo
por limpiar la cal de las almas;
mas acaban concentradas
en hilos de humo y porcelana.

¡Qué ojos estos, qué iris, qué pupila,
que, sin oír ni hablar, ya dicen por sí solos!

Mientras estos ojos vean,
mi mundo tendrá pupilas
de nácar y taracea.

PEÑASCO

El canto de las águilas
alienta a los peñascos
a que salten, insensatos,
en cabezas de lodo.

Se fragmentan en trocitos
de queso y Alejandría,
en ideas idealistas
y figuras de cerámica.

Un hombre pasea por la vereda de mis miedos;
me cuenta que los bordes están hechos de ciento un
lagrimales,
desollados por las penas de un lechón.
Un sensato intenta ver lo que escupo y devuelvo,
en formas de que ya mi ser
ni es ser ni ya es persona.

Es un elucubrado que devora y devora,
y expulsa y expulsa.

Ni es ser ni ya es persona.

DILUVIO DE PLACERES

¿Cómo me explico que me gustan tus andares,
más andando no te vi?

¿Cómo entiendo que adoro tu voz,
si palabras tuyas no escuché?

¿Cómo es que amo tus facciones,
si tu faz se encuentra
tras un diluvio de placeres,
efímeros y comodones?

Como un rastrillo que recoge lo divino,
me despiertas los sentidos,
sin tener ni tú constancia
de lo mucho que imagino,
y es poca la adivinanza
que pasa por tu cabeza.

ORQUESTA (DELIRIO)

No consigo recomponer mi cuerpo,
de la manera en que yo quiero.

Bailan flores, rizos y pestañas.

La orquesta calla.

La orquesta toca.

Suena una nueva pieza.
El comienzo de algo nuevo,
algo del frescor de un tulipán congelado.

Me hielo el estómago,
y pasan y pasan y pasan los días.

Y experimento.
Qué raro.
Uno toma conciencia de lo que vive.
No se espera nada nuevo.
Uno toma conciencia de lo que lee.
No imites en vano.
Uno toma conciencia de lo que siente.
¿Quieres cambiar todo?

¿Valor alguno ha de tener,
disparates vomitados por mis bestias?

Termino.

La orquesta sigue.

EL NIÑO

La risa de un niño.
El canto de una perdiz.
La bala que se esquiva.
Ese pequeño desliz.

Los gritos de placer.
El llanto irremediable.
Aquella voz rota,
que narra lo inefable.

Mundanas, y diminutas,
feroces solsticios,
abrevaderos de lágrimas:
es lo que calla lo cotidiano.
Teclas de acero oxidadas.
Peces olvidados, en el fondo de la vida.
Hierbas secas y maltrechas.
Corazones de alquitrán.

Pienso en lo que calla lo cotidiano,
esperando que alguien lo observe.

MI CABEZA

Siento una cabeza que se sale del cuerpo,
no me fío ni de mi corazón.

Tengo escamas en los dedos,
que me crecen sin razón.

Y los pelos que me crecen
me molestan en crescendo.

Mientras más adulto soy,
más locura voy teniendo.

Sin razón voy agrupando
más delirios en mi alma;
mi mente medio separada
de todo lo que me rodea.

TATUAJE DE ESTRELLA

Traigo una estrella tatuada en mi sien.
Narra los cuentos que nutren mi ser.

Traigo una estrella tatuada en mi sien.
Dibujada con las líneas del amanecer.

Ella me cuenta lo que yo no siento,
lo que yo no veo o no quiero ver.

Traigo una estrella tatuada en mi sien.
Que se desdibuja si me quieres bien.

La estrella tatuada brilla y me vigila,
se siente y se nutre de pura nostalgia.

Traigo una estrella tatuada en mi sien.
A veces me cuenta lo que debo hacer.

Traigo una estrella tatuada en mi sien.
Nunca la veo, nunca la veré.

Traigo una estrella tatuada en mi sien.
¡Que Dios me proteja y guarde mi ser!

En el cielo hay muchas, ninguna como la mía.

Ella es brillante escarlata, dominio de noche.
Fulgente y fugaz, del norte, polar.

El canto del amanecer, con la estrella tatuada;
en mi sien yo la noto, que arde y que brilla,
que grita y que expira, al amanecer.

FRAGMENTARIO

(I)

Un cuerpo esclavo de mente.
Un cuerpo esclavo, demente.

Frío, vapor, en las caricias de mis bestias.

Un cuerpo esclavo en pensar:
besar, soñar, hablar, pensar, pensar, pensar.

Carrera de pensares
se estrellan entre ellos.

Carrera de pensares:
¿quién llegará más lejos?

Nichos de neuronas, nichos olvidados,
nichos avivados, nichos engendrados.

Es la luz que titila
y se mueve cimbreante,
la que un día me dijo
que todos mis males cante.

(II)

Desfilan voces en mi cabeza;
algunas gritan, otras susurran.

Me atoran, me agobian, me llenan de angustia.
Quisiera callarlas, pero no lo hago nunca.

Ellas saltan, corren, bailan;
se pelean entre ellas.
Una es un gran galán,
otra, una bella doncella.

Muchas voces se retienen,
esperan y se lanzan
a la vez, todas juntas.
No puedo ni distinguirlas.
Y es que ya viven aquí.
¿Cómo es que las voy a echar,
si en el fondo lo que más me gusta
es delirar?

(III)

El principio y el fin.
La voz que delimita mis fronteras.
El principio y el fin.
La cabeza me da vueltas.
El principio y el fin.
Es una farsa todo lo que hago.
El fin del principio y el principio del fin.
Esto es barato, es cobre, es puro serrín.

(IV)

Diálogos vacíos,
carentes de sentido,
rellenan la vida como si de eso tratase la misma.
No es eso.
Sentir lo que sientes no está mal.
Un desliz tampoco está mal.
Llora tranquilo en la esquina de tu cuarto;
nadie te lo impide.

(V)

Una mañana, al alba,
en el negro de tus ojos
y el pesar de los míos.

Quien fue tan iluso
de no adorar
al más cruel
de los hombres habidos;

y por haber, hay
hasta nombre oscuro,
envuelto en plata y oro.

(VI)

Yo no quiero, sino ser
silencio, el que lo expresa,
el que demuestra la fineza,
sin nada, ni dejarse ver.

Mi silencio yo lo cumplo
con delirio insostenible,
de balanzas de cristal
que pesan solo lo que sirve.

Las escarchas como espinas,
y tu voz cicatrizada,
y es mi luna aquella nueva
la que dice: ¡calla, habla!

(VII)

Mis palabras serán escuchadas por aquel que quiera
sentir mis vibraciones.
Aquel que quiera ver la desnudez de mi alma: la desnu-
dez de mi vida.
Intento acomodar mi cabeza en forma de palabras.
Palabras que caen como lágrimas, desparejas y discon-
tinuas.
Esto lo realizo de manera arbitraria, conforme me lo
pide el cuerpo.
Gracias, mente. Gracias por dejarme descansar mien-
tras escribo palabrejas.

DÍAS FELICES (EPÍLOGO)

Hay días en los que el viento te saluda, te engatusa y te cuenta historias; no sabes cuáles son reales y cuáles inventadas. Te abraza y te da frío; con su frescor piensas de lado. Imaginas y fantaseas, y ves la realidad más colorida.

Y sientes y sueñas: y bailas con el viento.

Y el día parece más día, y la vida más vida.
Y las gentes te sonríen y no ponen muecas feas.

Y el día parece más día, y la vida más vida.
Y observas lo pequeño y valoras lo cotidiano.

Y el día parece más día, y la vida más vida.
Y tu rostro se ilumina y lo malo se disipa.

Y el sol pica con gusto, y te pone bronceado.
Y el día parece más día, y la vida más vida.

Hay días en los que la vida parece un sueño, y yo sueño con vivirla.

FIN

Índice